특종! 동물 뉴스

미스터 리와 떠나는 동물의 세계

초등과학Q는 과학의 기본 개념을
말랑말랑하게 풀어낸 세상 친절한 과학 해설서예요.
핵심을 찌르는 재치 넘치는 질문! 웃음이 가득한 탐구 과정!
재미있는 글과 그림을 따라가면 암호문 같은
과학 교과서가 술술 읽힐 거예요.

초등과학Q 9
특종! 동물 뉴스
미스터 리와 떠나는 동물의 세계

이준희 글 이경석 그림 김보숙 감수

프롤로그

프롤로그 04
등장인물 06

초원 10

- Q. 코끼리 똥이 어떻게 지구를 살릴 수 있을까? 12
- Q. 누가 새끼 프레리도그를 죽였을까? 16
- Q. 얼룩말은 왜 줄무늬가 있을까? 20
- Q. 큰개미핥기는 왜 개미만 먹고 살까? 24
- 미스터 리 기자의 특별 취재 동물들의 선거 날 28

숲 32

- Q. 곰은 겨울잠을 잘 때 똥을 눌까? 34
- Q. 판다는 왜 대나무만 먹을까? 38
- Q. 앵무새는 어떻게 사람처럼 말을 할 수 있을까? 42
- Q. 꿀벌이 사라지면 정말 인간도 사라지게 될까? 46
- 미스터 리 기자의 특별 취재 곤충 모델 대회 50

오스트레일리아 52

- Q. 엄마 코알라는 왜 새끼에게 똥을 먹일까? 54
- Q. 화식조는 왜 세상에서 가장 위험한 새일까? 58
- Q. 붉은캥거루는 어떻게 근육질의 몸짱이 됐을까? 62
- 미스터 리 기자의 특별 취재 ① 알을 낳는 동물 66
- 미스터 리 기자의 특별 취재 ② 새끼를 낳는 동물 67

사막　　　　　　　　　　　　　　69

- **Q.** 카멜레온이 몸 색깔을 바꾸는 진짜 이유는 뭘까?　　70
- **Q.** 사하라사막개미는 정말 초등학생보다 수학 실력이 뛰어날까?　　74
- **Q.** 낙타는 어쩌다 사막에서 살게 됐을까?　　78
- `미스터 리 기자의 특별 취재` 동물의 능력에 영감을 받은 발명품　　82

바다　　　　　　　　　　　　　　84

- **Q.** 범고래는 어떻게 바다의 최강 포식자가 되었을까?　　86
- **Q.** 문어가 똑똑한 이유는 뭘까?　　90
- `미스터 리 기자의 특별 취재` 위기에 빠진 동물 친구들　　94

빙하　　　　　　　　　　　　　　96

- **Q.** 북극곰은 어쩌다 멸종 위기에 처했을까?　　98
- **Q.** 황제펭귄은 어떻게 육아 고수가 됐을까?　　102
- **Q.** 북극여우는 왜 북극곰을 미행할까?　　106
- `미스터 리 기자의 특별 취재` ① 동물의 짝　　110
- `미스터 리 기자의 특별 취재` ② 동물의 육아　　111

초원에 사는 동물

초원

초원은 풀로 뒤덮인 땅을 말하는데 사바나 등의 열대 초원, 스텝이나 프레리 같은 온대 초원, 툰드라로 불리는 한대 초원으로 나뉘지. 초원에 풀이 많은 이유는 나무가 울창해질만큼 비가 충분히 오지 않기 때문이야. 얼핏 들으면 조금 척박한 땅 같지만, 풀이 무성하게 자란 덕분에 초식 동물이 살기에 꽤 괜찮은 조건을 갖췄어. 이곳에는 초식 동물을 잡아먹고 사는 육식 동물도 함께 어울려 살아가고 있지. 이제 동물 다큐멘터리에서 자주 봤던 초원으로 떠나 볼까?

Q 코끼리 똥이 어떻게 지구를 살릴 수 있을까?

코끼리는 먹는 걸 엄청 좋아해요. 하루 중 20시간 동안 150~170kg을 먹어 치우고 똥도 어마어마하게 눠요. 그런데 야생에서의 코끼리는 하루 종일 먹고 똥만 싸는 게 지구를 살리는 일이라며 큰소리쳐요. 코끼리가 똥으로 지구를 살린다는 말이 사실일까요?

이것 좀 보세요. 오늘도 제 발에 한 덩어리 쌌어요!

— 동물원 사육사

코끼리 X 파일

체 격	몸길이: 최대 8m / 몸무게: 3~8t
사는 곳	아프리카 사바나 초원과 열대우림, 태국 등 동남아시아, 인도, 중국 남부
수 명	60~70년
놀라운 특징	코끼리 코는 15만 개의 근육으로 이루어져 있어서 사람 손처럼 자유자재로 사용할 수 있다. 애정 표현을 할 때는 코를 꽈배기처럼 비비 꼰다.

12

더우면 커다란 귀를 펄럭이거나,
피부의 갈라진 틈에 물을 집어넣어
체온을 내려요.

온몸에 진흙 바르기를 좋아해요. 햇빛을
차단하고 기생충도 없앨 수 있거든요.

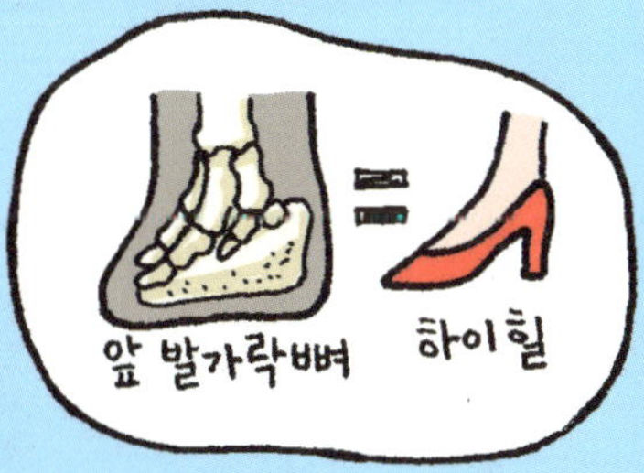

하이힐을 신은 것처럼 앞 발가락으로
큰 몸을 지탱하며 사뿐사뿐 걸어요.

발뒤꿈치는 탄력 있는 지방질로 되어있어서
20km 밖의 진동뿐 아니라 지진파도 예민하게
감지해요.

하루 종일 먹고 똥만 싸고도 지구를 살릴 수 있는 비법을
취재하기 위해 미스터 리는 사바나로 떠났다.

ZOO니버스 신문

코끼리 똥, 지구 최고의 아이템으로 선정!

식물을 닥치는 대로 먹어치워 초원의 파괴자로 오해받아 온 코끼리가 사실은 지구를 살리고 있다는 놀라운 소식! 코끼리 똥은 초원에서 살아가는 다양한 생물뿐 아니라 인간에게도 유용했다. 인간의 똥은 변기에 처박히는 운명이지만 코끼리 똥은 버려선 안 될 소중한 자산이다.

▲ 자신의 똥을 안고 싱글벙글하는 코끼리

Q 누가 새끼 프레리도그를 죽였을까?

프레리도그는 가족과 친척이 함께 대가족을 이루고 사는데, 사이가 돈독하기로 유명해요. 그런 프레리도그 마을에 새끼 프레리도그가 살해당하는 끔찍한 사건이 일어났어요. 이 끔찍한 일을 저지른 범인은 대체 누굴까요?

— 오소리 경찰

오소리 경찰서 오 서장입니다. 글쎄 말입니다~

미스터 리. 뭘 꾸물거려. 살인 사건이라잖아.

어때요? 탐정 같아요?

프레리도그 ✕ 파일

체 격	몸길이: 30~50cm / 몸무게: 0.9~1.2kg
사는곳	북아메리카 중앙부의 대평원
수 명	5~8년
좌우명	뭉치면 살고 흩어지면 죽는다.
놀라운 특징	프레리도그는 언어 천재다. 동료에게 포식자의 이름뿐 아니라 색깔, 모양, 키까지 구분하여 위험을 알린다.

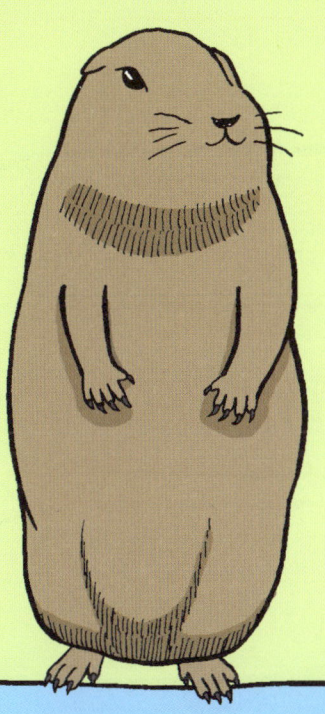

앞니는 계속 자라며 칼처럼 날카로워요.

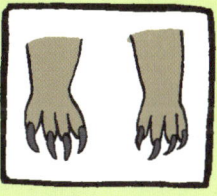
손톱이 갈퀴처럼 휘어져 있어서 땅굴 파기에 좋아요.

땅속에 미로처럼 파 놓은 굴은 침실, 먹이 방, 화장실, 홍수 대피실 등으로 나누어져 있어요.

스킨십을 통해 친근감을 쌓아요.

홍수 대피실

뿌직
화장실

드르렁 쿨쿨
침실

먹이 방

물을 마시지 않는 대신 나뭇잎을 씹어 수분을 보충해요.

프레리도그 마을에서 일어난 끔찍한 사건을 파헤치기 위해 미스터 리는 땅속 프레리도그 마을로 떠났다.

가족을 잡아먹는 프레리도그의 비밀!

프레리도그는 사랑스러운 얼굴 뒤에 잔인한 모습을 가지고 있다. 조카가 태어나면 이모는 어미 몰래 아기 방에 들어가 새끼를 잡아먹는다. 이는 조카가 죽으면, 자신의 새끼들이 야생에서 살아남을 확률이 더 높아지기 때문인 것으로 밝혀졌다.

Q 얼룩말은 왜 줄무늬가 있을까?

전 어린이 패션모델인데 궁금한 게 있어서요.

저는 얼룩말을 좋아해요. 커다란 머리와 날렵하게 뻗은 갈기, 멋진 줄무늬 옷이 정말 근사하잖아요. 그런데 얼룩말은 왜 줄무늬가 있는 거죠? 너무 화려해서 맹수들의 눈에 잘 띌 텐데 말이에요.

— 어린이 패션모델

얼룩말 ✕ 파일
- **체 격** 몸길이: 1.1~1.5m / 몸무게: 200~380kg
- **사는곳** 아프리카 사바나 초원, 남아프리카 공화국
- **수 명** 20~25년
- **좌우명** 폼생폼사
- **놀라운 특징** 야생 얼룩말은 길들이기 힘들다. 생존 경쟁에서 살아남기 위해 성격이 공격적으로 진화해서 올라타기에 적절하지 않다.

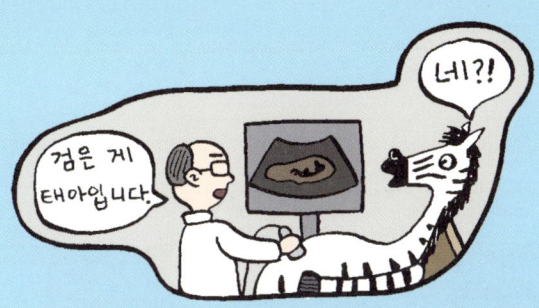

얼룩말은 검정 바탕에 흰 줄무늬일까?
흰 바탕에 검은 줄무늬일까?

정답 은 검정 바탕에 흰 줄무늬. 검은 피부였던 태아의 몸에 점점 흰 털이 자란 거예요.

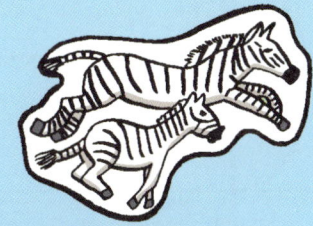

얼룩말은 시속 56km로 달릴 수 있죠. 태어난 지 몇 시간 안 된 새끼도 일어나 달릴 수 있대요.

얼룩말의 줄무늬는 사람 지문처럼 똑같은 줄무늬가 하나도 없어요. 그래서 줄무늬로 서로를 알아봐요.

뒷다리 힘이 엄청나서, 동물의 왕 사자도 발차기 한 방에 죽을 수 있어요.

미스터 리는 얼룩말이 눈에 띄는 화려한 줄무늬를 가진 이유를 밝히기 위해 초원으로 떠났다.

얼룩무늬에 숨겨진 비밀은?

과학자들은 맹수를 피하고자 얼룩말의 줄무늬가 진화했다고 여겼다. 하지만 최근 흡혈 파리를 쫓기 위한 것이라는 주장이 나와 이목을 끌고 있다. 흡혈 파리는 동물 피를 빨아 먹으며 병을 옮기는데, 줄무늬를 아주 싫어해서 얼룩말 몸에는 거의 달라붙지 않는다.

Q 큰개미핥기는 왜 개미만 먹고 살까?

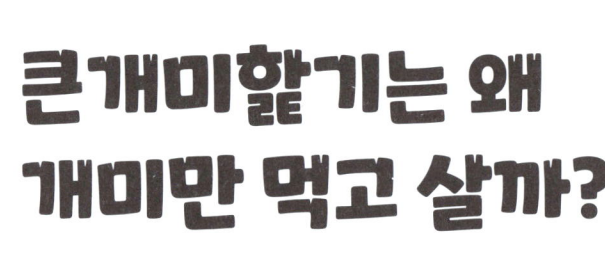

세상에서 가장 무서운 건 큰개미핥기예요. 개미핥기라니, 이름부터 너무 끔찍하잖아요. 어디가 얼굴이고 꼬리인지도 모르겠고, 혀는 어찌나 잘 늘어나는지 60cm나 된대요. 그런데 큰개미핥기는 어떻게 우리처럼 작은 개미만 먹고 살 수 있죠? 개미가 먹을 게 뭐가 있다고!

— 개미

필살기
지독한 방귀 뀌기,
냅다 도망치기.

큰개미핥기 ✕ 파일

체 격	몸길이: 100~180cm / 몸무게: 15~40kg
사는곳	사바나, 팜파스 초원 지대
수 명	15~20년
좌우명	개미 새끼 한 마리도 소중하게!
별 명	개미 귀신
천 적	재규어, 퓨마, 아나콘다 등

나무늘보처럼 느리지만 센 앞발과 꼬리 치기 권법으로 자신을 보호해요.

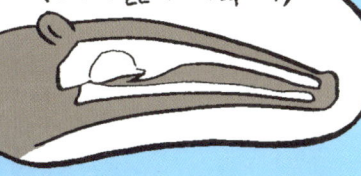

〈개미핥기 머리 뼈〉

주둥이는 관모양이고 이빨은 없어요.

발가락으로 개미굴을 후빈 후, 긴 혀로 개미에 침을 발라 꺼내 먹어요.

새끼에게 젖이나 먹다 토한 개미를 먹이며 1~2년간 등에 업어 키워요.

큰개미핥기의 공격에 집단 반격을 준비 중인 개미 군단을 만나기 위해 미스터 리가 개미굴을 찾았다.

 큰개미핥기 씨! 식성이 참 특이하시네요! 초원에는 개미 말고 맛있는 음식이 널렸는데, 왜 유독 개미에 집착하는 거죠?

훗! 주변을 둘러봐요. 초원에는 개미굴이 엄청 많아요. 이곳만 들쑤시면 개미들이 수두룩하게 나오는데 먹지 않을 이유가 없잖아요. 이빨이 없는 저에게 씹지 않고 삼켜도 되는 개미가 최고죠!

게다가 개미에서 나오는 포름산 덕분에 위액이 없어도 소화가 되거든요!

하지만 나도 원칙이 있죠! 절대 여왕개미는 잡아먹지 않아요. 개미집도 부수지 않고요. 그래야 생산 공장이 계속 유지되니까요. 으하하하하!

큰개미핥기는 정말 개미만 먹어도 배부를까?

큰개미핥기는 주로 개미, 흰개미, 굼벵이를 먹고 산다. 특히 개미에는 단백질이 많아서 큰개미핥기에게 풍부한 에너지를 공급해 준다. 물도 따로 마실 필요가 없다. 개미는 큰개미핥기에게 땅속의 영양제 같은 고마운 존재다.

동물들의 선거 날

동물들의 대통령 선거 날이 코앞으로 다가왔어요. 모두 소리 높여 동물들을 이끌어 갈 최고의 후보를 추천하고 나섰어요. 각 후보는 유권자들에게 자신의 장점을 내세우며 공약을 발표해요. 그럼 동물 친구들의 유세 현장 속으로 들어가 볼까요?

저는 **수사자**를 추천합니다.
대통령은 당연히 밀림의 왕 사자가 돼야죠. 멋진 갈기가 있고, 힘도 세잖아요. 게다가 모두를 꼼짝 못 하게 하는 우두머리다운 기품도 갖췄어요. 새끼를 낳아 기르는 포유류 중에 으뜸이라고 생각해요.
　　　　　　　　　　　　　　　　　　　　　　　　　　　－ 기린

최강 어류, **상어**를 추천합니다!
밀림의 왕이 사자라면 바다의 왕은 상어가 아닐까요? 상어를 무서워하는 동물이 많은데, 상어가 없으면 바다 생태계는 엉망이 될 거예요. 하루에 30kg의 바다 생물을 잡아먹는 포식 행위 덕분에 하위 포식자 수가 늘지 않아 해양 생태계가 잘 유지되거든요.　　－ 문어

밀림의 왕이나 바다의 왕이나 모두 반쪽짜리예요. 저는 육지와 물속을 자유롭게 오가는 **악어**를 추천합니다. 악어는 투명한 눈꺼풀과 물갈퀴 그리고 물이 들어오는 것을 막아 주는 입속 판 덕분에 헤엄도 잘 치는 최고의 파충류예요. 이런 악어야말로 대통령이 될 자격이 있다고 생각해요.
　　　　　　　　　　　　　　　　　　　　　　　　　　－ 도마뱀

★ 기호 1번 포유류 대표 ★
사자의 공약

저는 평소에 위험에서 무리를 구하는 멋진 리더 역할을 해 왔어요. 만약 제가 대통령이 된다면 특유의 리더십을 발휘해 동물들을 잘 이끌겠습니다. 허허!

저는 머릿속에 귀가 있어서 무려 1km 밖에서 나는 소리를 들을 수 있고, 냄새도 잘 맡아요. 제가 대통령이 되면 뛰어난 청각과 후각으로 동물들을 두루 살피겠습니다.

★ 기호 2번 어류 대표 ★
상어의 공약

★ 기호 3번 파충류 대표 ★
악어의 공약

제가 약한 동물들을 마구 잡아먹는다는 편견이 있는데, 사실 저는 한 번 먹이를 먹으면 아주 오래 버틸 수 있어요. 그래서 대부분의 시간을 일광욕하는 데 써요. 물속과 땅 위를 옮겨 다니며 적절한 체온을 유지하는 변온 동물이거든요. 제가 대통령이 된다면 물속과 육지를 오가며 동물들을 잘 보살피겠습니다. 크흐흐!

저는 최고의 미남 가수, **개구리**를 추천합니다. 개구리는 목소리도 끝내주지만 지구에서 없어서는 안 될 존재거든요. 살만한 곳인지 아닌지 보려면 그 동네의 개구리를 보라는 말이 있을 정도로 개구리는 지구 환경의 지표예요. 환경의 마지막 파수꾼인 개구리가 대통령이 되는 게 의미 있지 않을까요? － 두꺼비

저는 매끈한 피부 미녀 **지렁이**를 추천합니다. 지렁이는 토양의 지킴이거든요. 원통 모양의 긴 몸으로 이곳저곳을 돌아다니며 땅속에 공기가 통하게 하고 배수를 도와 산사태나 홍수를 막아 주거든요. 보이지 않는 곳에서 우리를 위해 애쓰는 기특한 친구죠. － 거미

앵무새를 추천합니다.
대통령은 뛰어난 소통 능력을 가진 동물이 하는 게 좋을 것 같아요. 아시다시피 앵무새는 그 부분에 있어서 정말 탁월해요. 인간의 말까지 하는 걸 보면 말 다했죠 뭐. 게다가 머리도 좋아서 '하늘의 아인슈타인'으로 불릴 정도라니까요. 이렇게 똑똑한 동물을 대통령으로 뽑아야 합니다. － 청둥오리

개구리는 멸종 위기의 순간에서도 지구에서 끝까지 살아남은 생존왕입니다. 저의 이런 노하우를 살려서 오염된 지구에서 끝까지 살아남을 수 있는 방법을 여러분에게 공유하겠습니다. 기호 4번 개구리 잊지 마세요!

★ 기호 4번 양서류 대표 ★
개구리의 공약

★ 기호 5번 환형동물류 대표 ★
지렁이의 공약

저는 누구보다도 부지런해요. 제가 만약 대통령이 되면, 땅속을 열심히 돌아다니면서 더 기름진 토양을 만드는 데 힘쓰겠습니다. 그러면 식물이 잘 자라서 지구가 더욱 아름다워지겠죠?

제가 대통령이 된다면 인간들과 친밀하게 소통해서 환경을 파괴하는 인간들을 향해 우리의 권리를 당당하게 주장할 거예요. 인간의 속담 중에 '높이 나는 새가 멀리 본다'는 말처럼 하늘을 높이 날아다니며 세상에 무슨 일이 벌어지고 있는지 두루두루 살필 거예요.

★ 기호 6번 조류 대표 ★
앵무새의 공약

숲에 사는 동물

숲

나무가 빽빽하게 우거진 곳을 '숲' 혹은 '산림'이라고 불러. 이곳은 기후에 따라 자라나는 나무들이 모두 다르지. 비가 많이 내리고 1년 내내 무더운 곳에서는 아열대성 나무가 주로 자라고, 사계절이 뚜렷한 지역에선 기후 변화에 강한 나무들이, 눈이 많이 내리는 지역에선 추위에 강한 나무들이 주로 자라. 각기 다른 나무들이 자라다 보니 그 숲에서 살아가는 동물들에도 차이가 있어. 과연 어떤 동물들이 숲속을 무대로 살아가고 있을까?

Q 곰은 겨울잠을 잘 때 똥을 눌까?

저는 잠자는 걸 좋아해서 별명이 '곰탱이'에요. 겨울에 4~5개월 동안 잠만 자는 곰 같다고 붙은 별명이죠. 그런데 곰은 정말로 겨울 동안 굴에서 아무것도 안 먹고 잠만 자나요? 오줌이랑 똥도 안 싸고요? — 곰탱이

불곰 ✕ 파일

- **체 격** 몸길이: 1.9~2.8m / 몸무게: 150~480kg
- **사는곳** 남극, 오스트레일리아, 아프리카를 제외한 숲속
- **수 명** 약 50년
- **좌우명** 먹고 힘내서 또 먹자!
- **놀라운 특징** 야생 벌집을 좋아해서 제멋대로 벌집을 부수고 맛있는 꿀을 훔쳐 먹는다.

너 국장에게 겨울 특별 휴가를 받은 미스터 리는
숲속 최고의 곰돌이 리조트에서 하룻밤을 보내게 되었다.

동굴의 내부는 어떤 모습인가요?

몸이 들어갈 만한 크기의 수평 터널을 지나면 그 옆에 둥근 방이 하나 있어요. 숨구멍만 빼고 동굴 입구는 모두 막혀 있죠. 그래야 4~5개월간 방해받지 않고 겨울잠을 잘 수 있거든요.

근데 곰은 왜 겨울잠을 자는 거죠?

겨울철에는 먹이를 구하기 힘들잖아요. 겨울이 오기 전에 많이 먹어 몸속에 지방을 저장해 두고, 에너지 소모를 줄이기 위해 겨울잠을 자요. 잘 때는 심장 박동도 분당 55회에서 9회로 줄이고 체온도 평균 2~3도 낮아져요.

 옆에 딸린 작은 방은 뭐죠? 화장실인가?

 아기방이에요. 어미 곰은 겨울잠을 자는 동안 굴에서 아기를 낳기도 하거든요. 잠들기 전에 아이 방을 따로 만들어요.

이거라도~

 잠시만요, 화장실은 어디에 있죠? 아까부터 배가 살살….

 참! 깜박했네요. 여긴 화장실이 없어요.

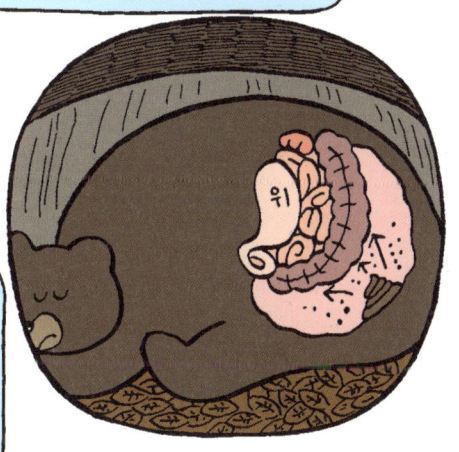

 헉! 그럼 겨울잠 자다가 화장실 가고 싶으면 어떡해요?

 잠자는데 귀찮게 무슨~. 겨울잠 잘 때는 똥을 몸 안으로 다시 흡수해요. 배설물도 아껴서 에너지 소모를 줄이는 거죠. 그러니 화장실을 갈 필요가 없답니다.

최고의 겨울을 선사할 자연 캠프 곰 돌 이

긴긴 겨울 동안 휴식이 필요하신 분, 죽은 것처럼 잠만 자고 싶은 분께 안락한 동굴을 선사합니다.

〈구조〉

방 1개 (옵션: 아기방)

〈주의 사항〉

음식물 반입 금지 (집주인 곰이 무척 깔끔함)
화장실 없음 (겨울잠을 잘 동안 당신의 똥은 매우 소중합니다)

격조 높은 겨울잠의 세계로 초대합니다!!

Q 판다는 왜 대나무만 먹을까?

저와 먼 친척뻘인 판다는 하루에 대나무만 100그루 정도 먹는대요. 겨울에는 대나무 줄기를 먹느라 겨울잠도 안 자고요. 판다는 곰인데 왜 맛도 없어 보이는 대나무에 꽂힌 걸까요? 이건 전혀 곰답지 않다고요! 판다에게 전해 주세요. 세상엔 맛있는 먹이가 널렸다고요.

- 먹보 곰

음 역시 피자는 치즈~.

판다 ✕ 파일

체　격　몸길이: 120~150cm / 몸무게: 75~100kg
사는곳　중국 쓰촨성, 산쑤성, 산시성 일대
수　명　20~30년
좌우명　우후죽순!

혼자 생활하는 판다는 자기 영역에 다른 동물이 들어오는 것을 싫어해요. 높은 곳에 냄새나 발톱 자국을 남겨서 마치 덩치 크고 무서운 동물인 척하죠.

채식주의자인 판다가 한때는 육식을 즐겼다는 소문의 진실을 파헤치기 위해 미스터 리가 출동했다.

안녕하세요, 판다 씨! 와우, 실제로 보니 정말 귀엽고 또… 거대하네요.

하하. 저도 태어날 때는 100g정도의 작은 크기였어요. 하지만 대나무를 먹고 이렇게 쑥쑥 자랐답니다. 잠자는 시간을 빼면 하루 종일 거의 먹기만 하거든요.

숲에는 맛있고 영양가 높은 먹이도 많은데 대나무만 고집하는 특별한 이유가 있나요?

지금은 대나무만 먹지만 예전에는 우리도 육식을 했죠. 고기를 물고 뜯었다고요! 으흐흐.

헉! '고기파'였다는 소문이 사실이군요!

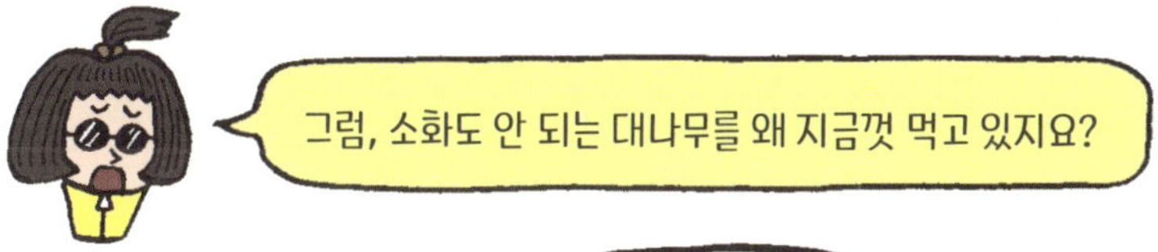

Q 앵무새는 어떻게 사람처럼 말을 할 수 있을까?

앵무새는 신기한 재주꾼이에요. 어느 유명한 회색앵무는 150여 개의 단어로 문장을 구사할 뿐 아니라 죽기 전, 훈련사에게 "넌 너무 착해, 사랑해."라는 유언도 남겼대요! 근데 앵무새는 어떻게 사람처럼 말을 할 수 있는 걸까요? 뜻을 알고 말하는 걸까요?

— 초아(초2)

회색앵무 ✗ 파일

체 격	몸길이: 약 35~40cm / 몸무게: 402~407g
사는곳	아프리카, 맹그로브 저습지 삼림
수 명	20~30년
좌우명	연습이 완벽을 만든다.

놀라운 특징 앵무새 뇌는 호두만큼 작지만 훈련을 받은 앵무새는 100개 이상의 단어를 배우고, 색을 구별하는 등 지적 능력이 탁월하다.

 앵 선생님, 언제부터 사람 말을 할 수 있게 된 거죠?

 태어날 때부터 그런 건 절대 아니에요. 훈련사에게 꾸준히 밀소리에 대한 훈련을 받은 결과랍니다.

 사람 말을 따라하는 이유가 있나요?

 일종의 교감이죠. 친밀함의 표현이랄까? 우리는 교감 능력이 매우 뛰어난 새거든요.

 가장 자신 있게 할 수 있는 말은 무엇인가요?

 흐음. 뭐니 뭐니 해도 욕이죠! 욕은 발음이 세고, 강한 감정이 담겨 있어서 쉽게 잊히지 않거든요.

 마지막으로 이곳을 찾은 동물 친구들을 위해 앵 선생님의 말 잘하는 비결에 대해 말씀해 주세요.

 아, 그건 어렵지 않죠.

이것만 알면 앵무새만큼 말한다!

1) 잘 들으면 잘 흉내 낼 수 있어요
앵무새는 청각이 매우 뛰어난 동물이에요. 말소리뿐 아니라 자동차, 비행기 소리까지 낼 수 있답니다.

2) 울대를 이용해 소리를 내요
사람은 성대를 이용해 소리를 내지요. 앵무새는 성대가 없지만 울대를 조절해서 소리를 내요.

3) 사람과 구강구조가 비슷해요
앵무새는 혀가 두껍고 구강 구조가 사람과 비슷해서 다양한 소리를 낼 수 있어요. 하지만 입술이 없어서 파열음을 내는 건 어려워요. ㅍ과 ㅂ 같은 발음은 열심히 노력해야 겨우 낼 수 있지요.

Q 꿀벌이 사라지면 정말 인간도 사라지게 될까?

화성에서 지구로 이사를 하려고 합니다. 지구에 관한 책을 보니, 아인슈타인이라는 사람이 꿀벌이 사라지면 인류도 4년 내에 멸망할 거라고 했다는군요. 100년 후면 꿀벌이 멸종하게 될거란 말도 있던데 그럼 지구의 미래는 어떻게 되는 건가요? 인류는 정말 사라지게 될까요?

— 화성인

꿀벌의 식물 수분 돕기

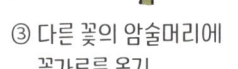

① 꿀벌이 몸에 수술의 꽃가루를 묻혀서,
② 날아감
③ 다른 꽃의 암술머리에 꽃가루를 옮김
④ 꽃가루와 밑씨가 결합함
⑤ 수정된 밑씨는 씨앗이 됨

꿀벌 ✖ 파일

체 격 몸길이: 약 1.5cm / 몸무게: 약 90mg
천 적 말벌, 해충

놀라운 특징 꿀벌의 배설물 냄새는 사람의 똥냄새와 비슷해서 동네 주민끼리 서로 오해와 다툼의 원인이 되기도 한다.

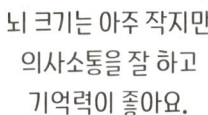
뇌 크기는 아주 작지만 의사소통을 잘 하고 기억력이 좋아요.

꿀벌들의 의사 전달 춤

〈원형 춤〉
먹을 게 가까이에 있다.

〈8자형 춤〉
먹을 게 멀리 있다.

일벌은 집 짓기, 청소, 아기 돌보기, 먹이 찾기와 파수꾼 역할까지 다양한 일을 해요.

일벌의 집 짓기 과정

밀랍
① 밀랍(시멘트 역할)을 생산한다.

② 밀랍을 침과 섞어 반죽한다.

③ 집을 지으면 끝!

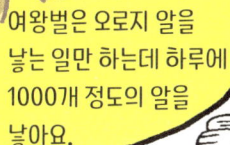
999개 휴~

여왕벌은 오로지 알을 낳는 일만 하는데 하루에 1000개 정도의 알을 낳아요.

47

제군들이여, 꿀벌과 식물은 서로 상부상조하며 생태계를 조화롭게 유지해 왔다. 하지만 각종 바이러스와 해충 그리고 환경 파괴로 꿀벌 수가 빠르게 감소하고 있어, 인류의 미래가 위태로워졌다. 나, 허니 소령은 이를 두고 볼 수 없다!

 휴우~. 지금 꿀벌 몇 마리 때문에 우리를 부른 거예요? 오늘 늦잠 자는 날이였는데!

허니 소령 말이 맞아요. 경제적으로도 꿀벌은 닭보다 더 중요한 위치에 있는 곤충입니다. 꿀벌 수 감소는 인류에게 큰 재앙을 가져올 수 있어요.

 꿀벌이 치킨보다 중요하다고요? 말도 안돼!

꿀벌의 가치는 어마어마하죠! 특히 우리 같은 양봉업자는 벌이 없으면 먹고살기 힘들다고요!

벌이 얼마나 소중한 곤충인지 알아보기 위해 꿀벌이 사라지면 어떤 일이 일어나는지 설명할 테니, 집중!

꿀벌이 사라지면…

1. 인류는 영양실조와 질병에 걸려 죽어 갈 것이다

꿀벌은 우리가 주로 먹는 식용 작물의 70%를 수정시킨다. 꿀벌이 사라지면 우리가 먹는 야채나 과일 수가 줄어들어 인류는 굶주리거나 면역력이 약해져 각종 질병에 시달리게 될 수 있다.

2. 생태계가 파괴된다

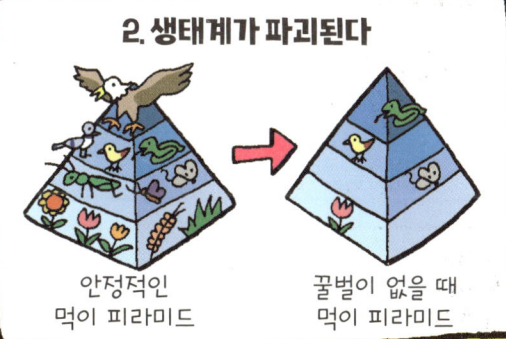

안정적인 먹이 피라미드 / 꿀벌이 없을 때 먹이 피라미드

꿀벌이 사라지면 식물과 식물을 먹고 사는 초식 동물이 사라지고 자연히 육식 동물 수도 줄어들어 생태계에 큰 위협이 찾아온다.

3. 면이나 식물성 섬유가 사라진다

목화는 꿀벌이 수분을 해야만 얻을 수 있다. 꿀벌이 사라지면 인류는 합성 섬유에 의지하게 되어 피부병으로 고통받게 될 것이다.

이처럼 지구에서 꿀벌이 사라진다면 생태계뿐 아니라 인류에게 커다란 위기가 발생하게 될 것이다. 이제부터라도 꿀벌을 지키기 위해 우리 모두가 자연을 보호하는 생태적 관심을 기울여야 한다!

 미스터 리 기자의 특별 취재

곤충 모델 대회

이곳은 곤충 모델 오디션 현장입니다. 오늘은 이제 막 프랑스에서 패션쇼를 마치고 돌아온 퐈브루 선생님과 함께 곤충 모델의 조건에 대해서 알아보도록 하겠습니다.

 박사님~ 곤충 모델이 되려면 무엇이 필요한가요?

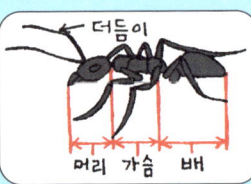

일단 곤충의 기본 조건을 갖춰야 해요. 몸이 머리, 가슴, 배 세 부분으로 되어 있고, 다리는 꼭 세 쌍이어야 하죠. 그래야 곤충이라고 할 수 있거든요.

 그럼 개미나 거미를 곤충이라고 할 수 있겠네요.

개미는 곤충이지만 거미는 아니에요. 거미를 자세히 들여다보면 몸이 세 부분으로 나누어져 있지 않아요. 게다가 다리도 네 쌍이지요.

 선생님, 날개는요? 날개는 없어도 될까요?

날개가 있고 없고는 곤충의 분류 기준이 아니랍니다.

 이번에는 곤충 모델 오디션에서 강력한 우승 후보로 떠오른 배추흰나비와 잠자리에 대해 자세히 알아볼까요?

> 좋습니다. 이들의 한살이를 통해 성장 과정을 살펴보죠. 한살이란 동물이 태어나서 성장하여 자손을 남기는 과정을 말해요. 한살이를 통해 그 동물의 역사를 알 수 있지요.

배추흰나비 한살이 (완전 탈바꿈)

배추흰나비 알에서 5~7일이 지나면 애벌레가 부화해요. 애벌레는 잎을 먹고 자라며 초록빛 보호색을 띠어요. 15~20일 동안 허물을 네 번 벗은 애벌레는 먹는 것을 중단하고 번데기가 된답니다. 그 후에 7~10일이 지나면 번데기의 등 부분이 갈라지면서 배추흰나비가 나와요. 이처럼 알에서 애벌레, 번데기를 거쳐 어른벌레가 되는 과정을 완전 탈바꿈이라고 해요.

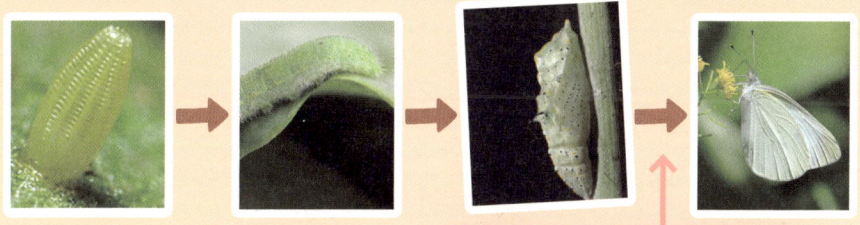

번데기에서 날개가 있는 어른벌레가 되는 과정을 '날개돋이'라고 해.

잠자리 한살이 (불완전 탈바꿈)

잠자리는 짝짓기를 한 다음, 물속에 알을 낳아요. 알에서 나온 잠자리 애벌레는 올챙이나 작은 물고기를 먹고 자라죠. 여러 차례 허물을 벗고 다 자란 잠자리 애벌레는 물 밖으로 나와 어른 잠자리가 된답니다. 잠자리처럼 알에서 애벌레를 거쳐 바로 어른벌레가 되는 과정을 불완전 탈바꿈이라고 해요.

배추 흰나비는 번데기 과정이 있고, 잠자리는 번데기 과정이 없구나!

오스트레일리아에 사는 동물

오스트레일리아

오스트레일리아는 남태평양과 인도양 사이에 있는 큰 나라야. 우리나라의 35배 크기라고 하면 감이 좀 잡히려나? 게다가 우리와는 계절이 정반대라서 12월 크리스마스에 그곳은 한여름 날씨래. 정말 신기하지? 기후도, 지형도 색다른 이곳에는 신기한 동물들이 많이 살아. 바다로 둘러싸여 있어서 이곳에 사는 동물들은 오랫동안 다른 대륙으로 이동하지 못했기 때문이야.

※ 오스트레일리아는 한자어로 '호주'라고도 해.

Q 엄마 코알라는 왜 새끼에게 똥을 먹일까?

캥거루 엄마예요. 오랜만에 코알라 엄마와 만나 육아 이야기를 나누던 중 충격적인 장면을 목격했어요. 글쎄, 코알라 엄마가 새끼에게 자신의 똥을 먹이는 거예요. 전 아무렇지 않은 척 했지만 무척 당황했어요. 코알라는 왜 새끼에게 이런 행동을 하는 걸까요?

— 엄마 캥거루

유일하게 호주에서만 살아요. 호주 마스코트죠!

코알라 ✗ 파일

체 격	몸길이: 60~80cm / 몸무게: 8~10kg
사는곳	오스트레일리아 남부
먹 이	유칼립투스 잎, 아카시아
수 명	16~20년
좌우명	자는 게 남는 거다!
놀라운 특징	코알라는 '물이 없다'라는 뜻이다. 식물을 통해 필요한 수분을 섭취하기 때문에 따로 물을 마시지 않는다.

(전 세계적인 코로나 19 사태로 인해 코알라 인터뷰는 화상으로 이루어졌음을 알려 드립니다.)

2019년 호주에서 일어난 최악의 산불로 수많은 코알라가 터전과 목숨을 잃었죠?

다시 떠올려도 아찔한 순간이에요. 코알라는 행동이 느리고 유칼립투스 같은 기름기 많은 식물을 먹어서 피해가 더욱 컸어요.

하지만 기쁜 소식도 들려요. 동물 보호 시설에서 지내는 동안 새끼 코알라가 태어났잖아요.

호호! 큰 사건 후에 태어난 새끼라 저에겐 더욱 특별하답니다.

새끼는 건강하게 자라고 있나요?

네, 지금은 젖을 떼고 이유식을 먹고 있어요. 어머! 벌써 우리 아기 이유식 먹을 시간이네! 잠시만요!

허걱! 지금 새끼 코알라에게 똥을 먹인 건가요?

호호호! 놀라셨어요?

사실 이건 똥이라기보다, '팹'이라는 일종의 이유식이에요. 팹은 어미 항문에서 나온 유칼립투스 잎이 반쯤 소화된 것인데, 똥보다 40배 많은 미생물이 들어 있어요. 유칼립투스 잎에는 독성이 있는데, 팹에는 해독과 소화를 돕는 성분이 많이 들어 있어서 팹을 먹고 자란 새끼는 유칼립투스를 소화시킬 수 있는 박테리아를 물려받아요.

Q 화식조는 왜 세상에서 가장 위험한 새일까?

동물 다큐멘터리를 즐겨 보는 초등학생이에요. 텔레비전에 나온 화식조를 보고 있는데 삼촌이 화식조는 세상에서 가장 위험한 새라며 벌벌 떨지 뭐예요. 저에겐 공룡을 닮은 멋진 새일 뿐인데 말이죠. 근데 화식조는 왜 세상에서 가장 위험한 새로 알려진 걸까요?

― 미래의 동물학자

화식조 ✘ 파일
- **체 격** 몸길이: 1.5~1.8m / 몸무게: 약 60~70kg
- **사는 곳** 뉴기니섬, 오스트레일리아 북동부
- **수 명** 약 20년
- **별 명** 예민보스
- **놀라운 특징** 화식조는 푸른 목에 붉은 돌기를 보고 불을 먹는 것 같다고 해서 붙은 이름이다.

다리는 근육질이고 비늘로 덮여 있어요.

머리 위에는 투구 모양의 볏이 있는데 수풀을 헤치거나 세력 다툼을 할 때 써요.

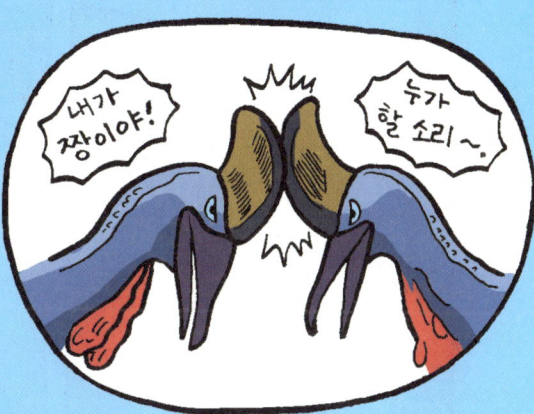

날개는 거의 퇴화해서 날지 못해요.

주로 과일을 많이 먹고 씨앗을 멀리 퍼뜨려서 '농부새'라는 별명도 있지요.

"내 남편만 빼고요~."

"누구야? 시끄럽게!"

"조용히 좀 해! 나 엄청 예민하다고! 발톱으로 그냥 확!"

화식조 암컷은 짝짓기 후, 마른 가지나 풀을 깔아 둥지를 틀고 알을 3~8개 정도 낳아요. 이후에는 수컷이 두 달간 알을 품고, 알이 부화하면 홀로 아홉 달 동안 새끼를 돌본답니다. 이 시기에 수컷은 가장 예민하고 난폭해진다고 해요.

세상에서 가장 포악한 새 1위는?

- **이름**: 화식조
- **성격**: 평소 겁이 많아 쉽게 다가오지 않지만 한번 사나워지면 사람을 죽일 수도 있다.
- **특징**: 가운뎃발가락이 12cm 정도로 길고 칼처럼 매우 날카롭다. 강력한 다리로 후려치면 사람에게 치명상을 입힐 수도 있다. 이것이 세상에서 가장 위험한 새로 불리는 이유다.

Q 붉은캥거루는 어떻게 근육질의 몸짱이 됐을까?

캥거루와 코알라는 호주의 대표 동물로, 모두 새끼를 아기 주머니 안에서 기르는 '유대류'예요. 그런데 수컷 붉은캥거루의 경우, 자라면서 엄청난 근육질 몸매가 된답니다. 대체 수컷 붉은캥거루는 어떻게 그런 몸짱이 될 수 있는 걸까요?

― 살찐 코알라

어우 뱃살 좀 봐~.

뒷다리의 인대와 근육이 스프링처럼 유연해서 4m까지 뛰어오르고, 10m까지 멀리 뛸 수 있어요.

캥거루는 몸을 지탱하고 균형을 잡거나 방향을 바꿀 때 꼬리를 이용해요. 걷거나 뛸 때, 꼬리의 힘으로 추진력을 내요.

붉은 캥거루 ✕ 파일

체 격	몸길이 : 1.1~1.5m / 몸무게 : 약 90kg
사는곳	호주, 뉴기니 일대
수 명	12~18년
좌우명	뛰어야 산다.

놀라운 특징 캥거루는 배 안에 아기집이 발달하지 않아서 새끼가 충분히 자라지 못한 상태로 태어난다. 엄마 캥거루는 아기 주머니 안에서 새끼를 약 6개월 동안 젖을 먹여 기른다.

막 태어난 새끼는 겨우 2cm 크기인데 엄마의 젖 냄새를 따라 암컷 캥거루의 아기 주머니를 찾아가요.

〈아기 주머니 속〉

젖
새끼 나오는 구멍

엄마는 똥 치우는 중. 거기 얼음!

더운 낮에는 그늘에서 쉬고 저녁부터 새벽까지 초원을 누비며 활동을 해요. 몸에 비해 먹는 양이 적고 물도 조금 마셔요.

얼음!

미스터 리는 암컷을 차지하기 위해 열린 수컷 캥거루들의 권투 시합 현장으로 갔다.

미스터 리 기자의 특별 취재

알을 낳는 동물

곤충이나 어류 그리고 파충류와 양서류는 짝짓기 후 대부분 알을 낳아요. 하지만 색깔이나 모양, 크기는 동물마다 달라요. 닭, 거북, 악어 같은 동물들은 딱딱한 껍질에 둘러싸인 알을 낳지만, 개구리나 물고기는 물컹하고 미끈미끈한 알을 낳아요.

닭

알은 품은 지 21일 후에 병아리가 부화해요.

뱀

뱀은 땅에 알을 낳아요.

상어

상어는 종류에 따라 해초나 바위에 알을 낳는 난생과 배 속에서 알을 낳은 후 자궁에서 새끼를 키워 낳는 난태생이 있어요.

개구리

개구리 알 → 올챙이 → 개구리

2주 정도 지나면 알에서 올챙이가 나와요. 올챙이는 물에서 사는데 뒷다리와 앞다리가 차례로 나오고, 다 자라면 물 밖에서도 살아갈 수 있어요.

미스터 리 기자의 특별 취재

새끼를 낳는 동물

포유류는 젖을 먹여 새끼를 키우는 동물이에요. 인간을 비롯한 개, 고래, 호랑이 등이 이에 속하는데, 이들은 항상 일정하게 체온을 유지해 추위와 더위를 잘 이겨 내요. 한편, 포유류는 부모를 꼭 닮은 새끼를 낳는데 오리너구리나 가시두더지처럼 알을 낳는 포유류도 있지요.

치타

치타 새끼는 부모와 꼭 닮았어요. 새끼는 털 색깔이 주위 환경과 비슷해서 눈에 잘 띄지 않고 숨기 좋아요.

고래

바다 생물들은 대부분 알을 낳지만 고래는 새끼를 낳아요. 바닷속 새끼 고래는 태어나자마자 어미와 똑같이 생활하며 살아가는 법을 배워요.

원숭이

막 태어난 새끼 원숭이는 아주 약하고 털도 거의 없어요. 어미가 오랫동안 보살펴 줘야 하죠. 자라면서 점점 부모의 모습을 닮아간답니다.

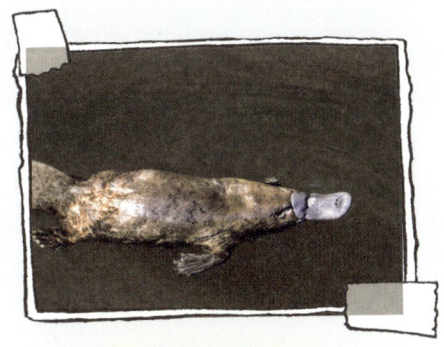

오리너구리

오리너구리는 포유류지만 새처럼 알을 낳아요. 새끼가 알을 깨고 나오면 다른 포유류처럼 젖을 먹여 새끼를 키워요.

사막에 사는 동물

사막

사막은 1년 내내 비가 거의 오지 않아. 그렇다고 식물이 전혀 살 수 없는 건 아니야. 커다란 나무 대신 풀과 작은 관목이 자라지. 자연환경이 척박하다 보니 웬만한 동물은 살아남기 어렵지만 어떤 동물들은 이런 땅에서도 끈질긴 생명력을 발휘한다고 해. 뜨거운 사막에서 치열하게 사는 동물들의 이름을 불러 볼까?

Q 카멜레온이 몸 색깔을 바꾸는 진짜 이유는 뭘까?

형이 카멜레온을 키우기 시작했어요. 형 말로는 카멜레온이 주변 환경에 따라 몸 색깔이 변하는 동물이래요. 하지만 형의 카멜레온은 주변 환경에 상관없이 몸 색깔을 바꾸던걸요? 카멜레온의 몸 색깔이 변하는 진짜 이유는 뭘까요?

― 공룡 덕후

카멜레온 X 파일

체 격	몸길이: 3~70cm
사는곳	아프리카 사막, 마다가스카르섬
수 명	5~8년
별 명	스나이퍼
놀라운 특징	사냥에 성공하려면 동작이 빨라야 한다. 하지만 카멜레온은 그 반대다. 진득하고 느리게 먹이를 향해 다가간다.

소용돌이 같은 긴 꼬리로 나뭇가지를 돌돌 말아 균형을 유지할 수 있어요.

싸워라, 이겨라!
카멜레온에게 배우는 백전백승 사냥 전략!

Q 사하라사막개미는 정말 초등학생보다 수학 실력이 뛰어날까?

얼마 전, 형이랑 사막 캠프를 다녀왔어요. 사막 같은 척박한 땅에도 다양한 생물이 살고 있었어요. 그런데 모래 위의 개미를 본 형이 대뜸 개미의 수학 실력이 초등학생도 넘어설 만큼 대단하다는 거예요. 정말 개미가 저보다 수학을 잘할까요?

– 수학 천재

– 1미터 약 1초 –

몸에 비해 긴 다리를 이용해 빠른 속도로 이동해요. 이때 시원한 바람이 일어 사막의 뜨거운 더위를 식혀줘요.

몸은 빛을 반사하는 껍질로 덮여 있어서 고온의 날씨에 잘 견딜 수 있어요.

사하라사막개미 ✕ 파일

체 격	몸길이: 약 7mm	**놀라운 특징**	개미는 농사도 짓고 일도 나눠서 하며, 노예도 부리고 다른 집단과 전쟁을 하는 등 인간과 닮은 점이 많은 곤충이다.
사는 곳	사하라 사막		
좌우명	수학은 생존의 열쇠다.		

포식자들이 지하로 숨는 가장 더운 시간에 먹이 활동을 해요.

인간의 뇌는 몸무게의 2%에 불과하지만 사막개미의 뇌는 몸무게의 6%를 차지해요.

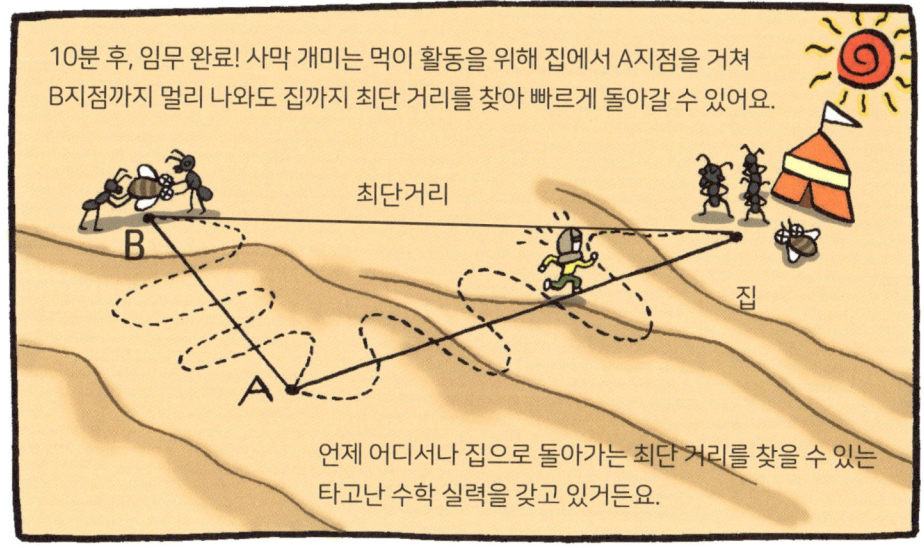

Q 낙타는 어쩌다 사막에서 살게 됐을까?

낙타 때문에 친구랑 싸웠어요. 글쎄, 낙타의 고향이 원래 북극이라잖아요. 사막에서 오래 견딜 수 있게 발달한 볼록한 혹과 긴 속눈썹을 지닌 낙타는 누가 봐도 사막 토박이인데 말이죠! 북극에서 왔다는 건 말도 안 돼요!

– 태권도 꿈나무

지방 덩어리
너무 많이 저장했나?

낙타의 혹에는 지방이 가득 들어 있어요. 먹은 걸 혹에 저장하는 거죠.

수분 손실을 최소화하기 위해 소변은 설탕 시럽처럼 끈적하고 대변은 매우 건조해요.

낙타 X 파일

- **체격** 몸길이: 3m / 몸무게: 450~600kg
- **사는곳** 아프리카, 중앙 아시아
- **수명** 40~50년
- **좌우명** 달릴 줄 알아도 절대 달리지 말자!

놀라운 특징 낙타는 땡볕에서 태양을 마주 보는 자세를 취한다. 당장 얼굴은 뜨겁지만 몸에 그늘이 만들어져 오히려 시원함을 느끼기 때문이다.

혹이 두 개인 낙타를 쌍봉낙타, 하나인 낙타는 단봉낙타라고 불러요.

긴 속눈썹과 긴 귓털 덕분에 모래가 눈으로 들어오지 못해요.

평상시 / 모래바람 불 때

모래바람이 코에 들어오지 못하게 콧구멍을 꽉 닫을 수 있어요.

한 고고학자가 북극에 위치한 엘즈미어 섬에서 30개의 다리뼈 화석을 발견했어. 화석의 주인공은 바로 낙타의 조상인 프로틸로푸스로 밝혀졌지.

먼 옛날, 북아메리카의 초원에서 살던 프로틸로푸스 무리의 일부가 북극으로 이동했단다. 그 당시 북극은 지금보다 훨씬 따뜻했지만 여전히 추웠지. 그래서 추위를 견디기 위해 복슬복슬한 털과 혹을 갖게 된거야.

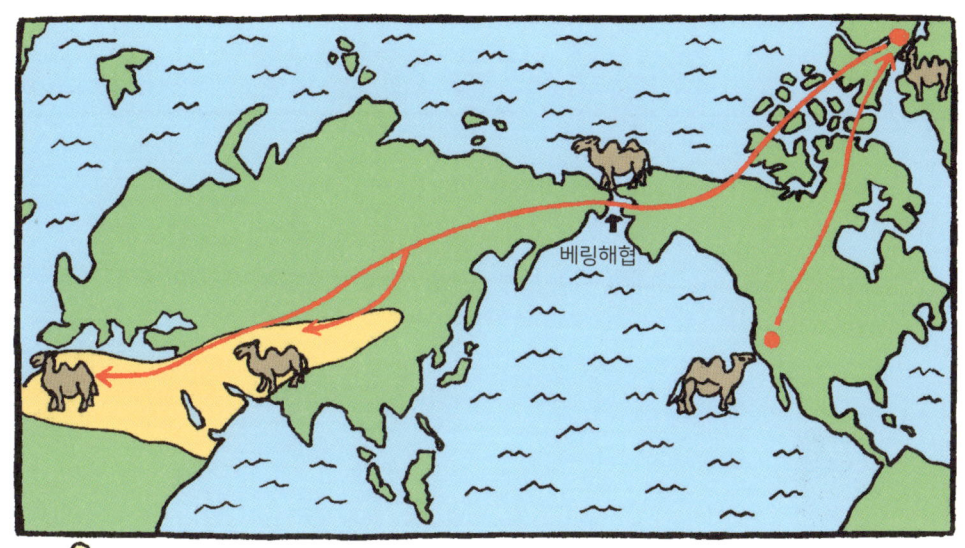

이렇게 북극에 살던 낙타의 조상이 어떻게 사막까지 오게 되었냐고? 그건 지구의 빙하기 시절, 포식자와 추위를 피해 이동하던 낙타의 조상이 알래스카와 러시아를 잇는 베링해협을 건너 중동 지역과 아프리카에 정착하게 된 거란다.

산전수전 다 겪은 낙타는 극한의 땅에서 살았던 경험 덕분에, 사막에서도 적응할 수 있었어. 지방이 가득한 혹 덕분에 사막에서 오랫동안 먹이를 먹지 않고 버틸 수 있었고, 눈밭에 빠지지 않게 진화한 넓적한 발굽으로 뜨거운 모래사막을 걸을 수 있었던 거야.

동물의 능력에 영감을 받은 발명품

동물들은 저마다 특별한 능력을 가지고 있어요. 아주 빠르게 달릴 수 있는 동물이 있는가 하면, 인간은 느끼지 못하는 미세한 진동을 감지하는 동물도 있지요. 사람들은 동물들의 다양한 특성에 영감을 받아 우리 삶에 유용한 발명품을 만들었답니다.

오리발 ☞ 물갈퀴

오리발

물갈퀴

수영 할 때 넓적한 발 모양의 물갈퀴를 끼면 아주 유용해요. 물갈퀴는 오리와 개구리의 발 모양에서 착안한 발명품이에요. 오리와 개구리의 발바닥 사이에는 얇고 넓적한 막이 있어서 물을 가르고 헤엄치는 데 유리해요. 물갈퀴는 이 모양을 본떠 장갑 혹은 신발 형태로 만들어졌어요.

물총새 ☞ 고속열차

물총새

고속열차

일본 신칸센 고속 열차는 물총새의 부리 모양을 본떠 만들었어요. 초기에는 열차의 앞부분이 둥근 모양이었는데 터널을 지날 때 공기의 압력이 바뀌면서 소닉붐(음속 폭음)이 크게 발생했지요. 연구진은 물 안팎을 자유롭게 오가는 물총새가 부리 모양 덕분에 물에 들어갈 때 물방울이 전혀 튀지 않는다는 점을 발견하고 열차를 물총새의 부리 모양처럼 만들었어요. 덕분에 신칸센은 터널을 지날 때 소음이 거의 발생하지 않아요.

고래 ▷ 잠수함

고래

잠수함

물속에서 빠르게 움직이는 잠수함은 고래의 외모를 본떠 만들었어요. 고래처럼 유선형 몸은 물이나 공기의 저항을 덜 받는데, 유선형인 잠수함도 이런 특성 때문에 물속에서 유용하게 움직일 수 있지요.

거미 ▷ 초고감도 센서

거미

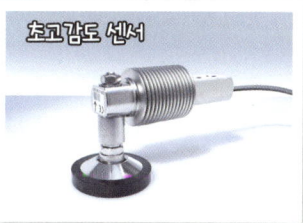
초고감도 센서

거미는 시력이 아주 나빠요. 하지만 먹이를 찾아내는 데는 도사예요. 발목 주변의 갈라진 틈 사이로 신경 세포들이 촘촘히 연결되어 있어서 미세한 진동까지 감지하거든요. 이런 거미의 능력에서 착안해 사람들은 기존 센서보다 1000배 더 민감한 초고감도 센서를 개발했어요.

바퀴벌레 ▷ 재난 구조 로봇

바퀴벌레

재난 구조 로봇

바퀴벌레는 누구보다도 빨리 움직일 수 있어요. 1초에 제 몸길이의 20배를 질주하기 때문에 우리 눈엔 정말 순식간에 사라지는 것처럼 보이죠. 또 몸무게의 900배 압력으로 눌러도 살아남는 경우가 많답니다. 바퀴벌레 모양을 한 로봇은 몸체가 뒤집혀도 몸을 바로 세울 수 있고 좁은 공간도 잘 다닐 수 있어서 재난 현장에서 맹활약을 펼치고 있대요.

바다에 사는 동물

바다

지구의 70%는 바다로 이뤄졌다고 할만큼 바다는 정말 넓고 커. 또 그만큼 다양하고 신기한 생명체들이 어우러져 살고 있지. 그럼 바다 속 동물 친구들을 만나 볼까?

Q 범고래는 어떻게 바다의 최강 포식자가 되었을까?

얼마 전, 텔레비전에서 범고래가 백상아리의 간을 빼 먹는 장면을 보고 충격에 빠졌어요! 엄마 말씀으로는, 범고래가 바다의 최강 포식자래요. 범고래는 순하고 귀여운 줄만 알았는데 어떻게 바다를 지배하게 되었을까요?

— 수영 꿈나무

범고래 ✗ 파일

체 격	몸길이: 7~10m / 몸무게: 6~10t
최대 시속	56km
수 명	30~80년
별 명	바다의 늑대

놀라운 특징 범고래는 동료 의식이 매우 강해서 최대 40마리씩 무리를 지어 다닌다. 엄마나 할머니가 무리를 이끌며 다음 세대에 지식을 전수한다.

죽음을 부르는 자, 범고래의 비밀

전 세계 바다에서 서식하는 범고래가 최상위 포식자가 될 수 있었던 이유는 바로 뛰어난 지능 덕분이에요. 사냥을 할 때, 각자의 역할을 정해 조직적으로 움직이죠.

특히 '해변돌진'이라는 독특한 사냥법을 가지고 있는데 해변의 표면과 기울기까지 조사한 후, 시속 30km로 헤엄쳐서 사냥감을 낚아채요. 사냥할 때, 실수가 죽음으로 이어질 수 있기 때문에 연습도 철저히 한대요.

이외에도 범고래의 사냥 방식은 매우 다양해요.

펭귄이 작은 유빙 위에 있으면, 한쪽을 눌러, 미끄러트린 후 잡아먹거나

먹은 물고기를 토해 내 갈매기를 유인한 후, 가까이 다가오면 낚아채기도 해요.

게다가 자기가 터득한 지식을 동료에게 빠르게 전달하고 교육해요. 이렇듯 범고래는 조직력과 협동력, 뛰어난 지능을 발휘해 바다의 최강 포식자가 되었답니다.

Q 문어가 똑똑한 이유는 뭘까?

게 다리만 남았어요······.

수족관에 사는 문어가 갑각류 탱크에 있는 동물들을 훔쳐먹고 있어요. 수족관에서 탱크까지는 거리도 멀고 경비도 삼엄해서 문어 혼자서 가는 건 불가능해요. 문어는 대체 어떻게 갑각류를 잡아먹은 걸까요?

– 수족관 관리인

문어도 사람처럼 머리 - 몸통 - 다리 순이라고 생각하기 쉽지만, 사실은 몸통 - 머리 - 다리 순이다.

이게 진짜 근육이지~.

신체의 90%가 근육으로 이루어져 있어서 체중의 10배까지 들어올릴 수 있다.

대왕문어 ✕ 파일

체　격	다리 길이: 약 4.3m / 몸무게: 약 15kg	놀라운 특징	문어는 변장의 대가다. 피부에 있는 특수 색소 기관을 이용해 피부의 색깔뿐 아니라 질감까지도 바꿀 수 있다.
사는 곳	연안에서 심해까지		
수　명	3~5년		
별　명	바다의 카멜레온		

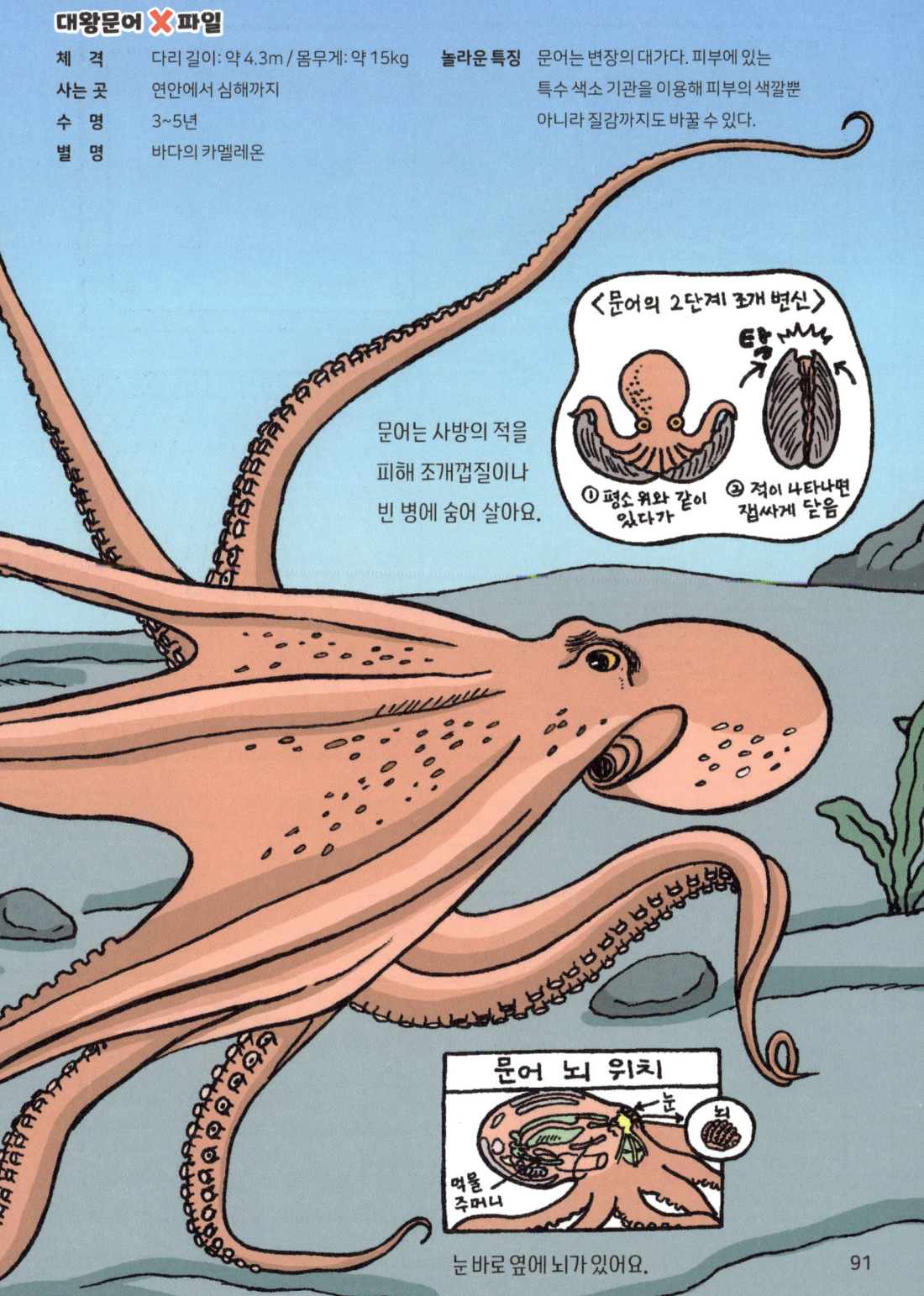

문어는 사방의 적을 피해 조개껍질이나 빈 병에 숨어 살아요.

〈문어의 2단계 조개 변신〉
① 평소 위와 같이 있다가
② 적이 나타나면 잽싸게 닫음

문어 뇌 위치
눈, 뇌, 먹물 주머니

눈 바로 옆에 뇌가 있어요.

문어의 DNA는 크기와 복잡성이 인간과 비슷해서 기호를 알아보고 기억해 내는 능력이 있어요.

뼈가 없기 때문에 아주 비좁은 틈도 빠져나갈 수 있지요.

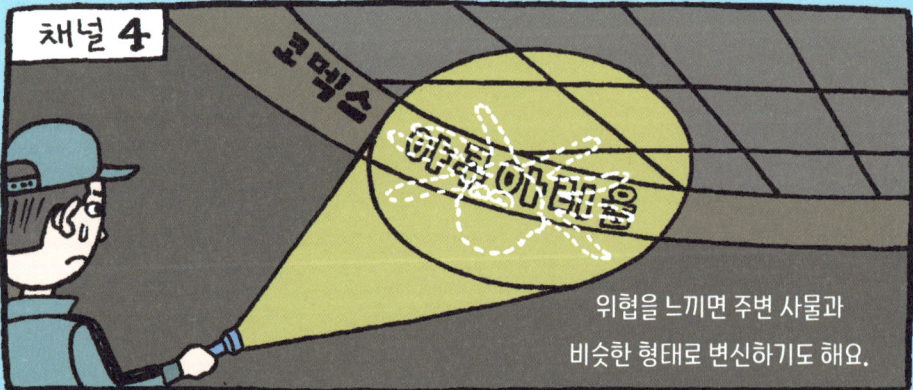

위협을 느끼면 주변 사물과 비슷한 형태로 변신하기도 해요.

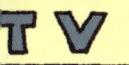

8개의 팔을 마치 다리처럼 이용해 걸어요.

먹이를 발견하면, 팔의 빨판을 이용해서 사냥감을 움켜 쥐어요.

특히 수많은 신경 세포가 분포되어 있는 팔은 뇌의 명령 없이도 알아서 움직여요.

위급할 때는 적의 감각을 교란시키기 위해 먹물을 뿌리고 재빨리 도망가요.

문어는 뇌의 명령 없이도 8개의 팔이 스스로 생각하고 행동할 수 있는 똑똑한 동물이에요. 보통 문어의 수명은 5년 정도인데, 고도의 지능을 가진 문어가 100년을 살아서 여러 세대가 공존하게 된다면 인간 사회는 문어 문명에 지배될지도 모르겠군요.

미스터 리 기자의 특별 취재

위기에 빠진 동물 친구들

지구의 환경 오염이 날로 심각해지면서 동물들이 고통을 겪고 있어요. 인간이 지구를 마구 훼손하면서 위험에 처한 동물들을 직접 만나 이들의 고충을 들어 봤어요.

그물에 걸린 고래

Q. 고래 아줌마, 몇 년 전 호주 인근 바다에서 그물에 걸리는 사고를 당하셨죠. 당시 어떤 상황이었나요?

A. 휴~ 그때 생각만 하면 아직도 아찔해요. 그물에 감겨 하마터면 죽을 뻔했거든요. 요즘 바다에서 이런 일이 자주 일어나요. 어부들이 불법으로 설치한 그물이 문제죠. 그물에 걸리면 우리는 누군가의 도움 없이는 죽음을 맞이할 수밖에 없답니다.

코에 빨대가 꽂힌 거북

Q. 오! 당신은 코스타리카 연안에서 코에 빨대가 꽂힌 채 발견된 거북 아닌가요? 어쩌다 그런 일을 당하게 된 거죠?

A. 저는 오랫동안 코에 꽂힌 빨대 때문에 괴로운 나날을 보내고 있었어요. 다행히 생태 탐험 중이던 해양학자들에게 발견되어 빨대를 제거할 수 있었어요. 플라스틱 빨대는 바닷물에 녹지 않기 때문에 바다 생명체에게 큰 위협이에요.

소화불량 새

Q. 인근 바닷가에 사는 새들이 비극적인 죽음을 맞이하고 있다는 슬픈 소식이 들려요. 힘드시겠지만 왜 이런 일이 일어나는지 이야기해 주시겠어요?

A. 우리는 오염된 바다 근처에서 살아요. 배가 고프면 바다에 널려 있는 것들을 포아 먹으며 지내죠. 그러던 어느 날, 배불리 먹어 배가 빵빵한 친구가 시름시름 앓기 시작하더니 결국 변사체로 발견됐어요. 학자들이 친구의 사체를 해부해 보니, 배 속에는 플라스틱 쓰레기가 잔뜩 들어 있었죠. 아마 제 배 속 상황도 마찬가지일 거예요. 우린 같은 환경에서 오랫동안 함께 살았거든요. 흑흑.

생태계 보전을 위한 미스터 리의 해결책은?

인간의 잘못으로 죄 없는 동물들이 고통받는 현실이 정말 안타깝습니다. 이를 해결하기 위해 우리는 무엇을 해야 할까요?

우선, 쓰레기를 줄여나가야 합니다. 종이컵이나 플라스틱 숟가락 등 일회용품을 되도록 쓰지 말아야죠. 생태가 잘 보존된 곳은 국립공원으로 지정해 관리해야 해요. 특히 멸종 위기종을 보호하기 위한 노력을 게을리해선 안 되겠죠. 또한 무분별한 개발을 자제하고, 만일 개발이 필요하다면 생태계에 미칠 영향을 충분히 고려한 후에 진행해야 합니다.

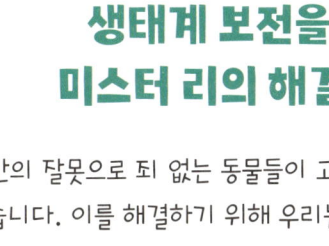

빙하에서 사는 동물

빙하

빙하는 중력에 의해 낮은 곳으로 이동하는 두꺼운 얼음덩어리를 뜻해. 수백 수천 년 동안 쌓인 눈이 단단한 얼음덩어리로 변해서 하나의 거대한 대륙을 이루기도 하지. 남극 대륙이나 북극의 그린란드가 대표적인 빙하 지대야. 알프스나 히말라야 등 산맥을 따라 발달한 산악 빙하도 있어. 그런데 이렇게 춥고 험난한 곳에서 살고 있는 동물이 있다고 해. 북극을 대표하는 북극곰과 남극을 대표하는 펭귄이 바로 그 주인공이지.

Q 북극곰은 어쩌다 멸종 위기에 처했을까?

오랜만에 먼 친척인 북극곰과 영상 통화를 하다가 깜짝 놀랐어요. 위풍당당하던 모습은 사라지고 너무나 야윈 모습이었거든요. 게다가 모두 굶어 죽을지도 모른다는 말만 남긴 채 전화가 끊겼어요. 대체 북극곰에게 무슨 일이 일어난 걸까요?

제발 좀 받아라. 받아~

— 불곰

북극곰은 발에 달린 얼음 돌기 덕분에 미끄러지지 않아요.

겨울잠을 자지 않지만 새끼를 가진 암컷은 얕은 겨울잠을 자요.

또 춤추니? 엄마 잠 좀 자자

 제 옆에는 러시아로 건너 와 시위를 벌이는 북극곰이 나와 있습니다. 북극에서 이곳까지는 꽤 먼 거리인데요, 어떻게 이곳까지 오게 된 거죠?

우리는 북극의 얼음 위에서 물범 등을 사냥하며 살아요. 그런데 요즘 북극의 얼음이 자꾸만 녹아내려, 사냥터가 사라지고 있죠. 결국 먹이를 찾아 먼 거리까지 이동하다 700km나 떨어진 이곳까지 오게 되었죠.

 이렇게 멀리까지 온 걸 보면 현재 북극의 상황이 심각한 것 같군요.

심각하다마다요. 지금 북극에는 굶어 죽는 곰들이 해마다 늘고 있어요. 2100년이 되면 북극곰이 모두 멸종할지도 모른다는 끔찍한 소식도 들려요.

 북극의 최강 포식자인 북극곰이 멸종한다고요? 왜죠?

먹이를 찾아 먼 거리까지 이동하다 지쳐서 죽는 경우도 많고, 점점 새끼를 기르기 어려운 상황이 되어 요즘 둘 낳는 집도 별로 없거든요.

 북극곰이 어쩌다 이런 상황에 처하게 된 걸까요?

 인간이 석탄이나 석유를 이용할 때 나오는 이산화 탄소가 지구를 감싸면서 온실 효과로 지구의 온도가 높아졌어요. 그로 인해 북극의 얼음이 자꾸 녹아내리죠. 얼음 위에서 생활하는 우리는 서식지를 잃고, 먹이가 점점 줄어들어 생존 위기에 처하게 된 거죠.

 너무 안타까운 일이네요. 마지막으로 하고 싶은 말씀이 있으신가요?

 우리가 사람이 사는 마을에 와서 시위를 하는 건 인간을 겁주려는 게 아니에요. 먹을 것이 없으니 어쩔 수 없는 선택이었죠. 그러니 이런 충돌을 막기 위해서 지구 온난화를 늦추기 위한 노력을 해 주길 당부하고 싶어요!

찰칵~

오이구 인간아!

나는 아직 죽고 싶지 않습니다!

북극사수

지구의 눈물

온난화를 막기 위한 **실천 전략!!**
1. 적정 실내 온도 유지
2. 걷기, 자전거 타기, 대중교통 이용
3. 쓰레기 줄이기
4. 일회용품 쓰지 말기
5. 전기플러그 뽑기
6. 친환경 연료 사용하기

북극곰들이 다시 통통해지는 그날까지~ 파이팅!!

Q 황제펭귄은 어떻게 육아 고수가 됐을까?

황제펭귄은 서로 소리를 내거나 머리와 날개 흔들기 몸짓 등을 통해 의사소통을 해요.

펭귄은 날지 못하지만 날개를 두 가지 용도로 사용해요. 첫째는 수영이고 둘째는 때리기죠.

펭귄은 마치 의자에 앉아 있는 것처럼 무릎을 구부리고 있어서, 넘어져도 쉽게 일어날 수 있어요.

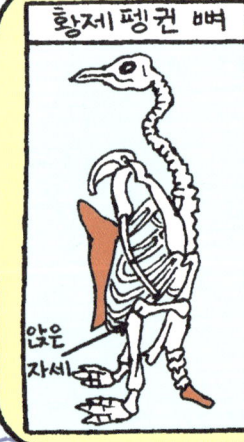

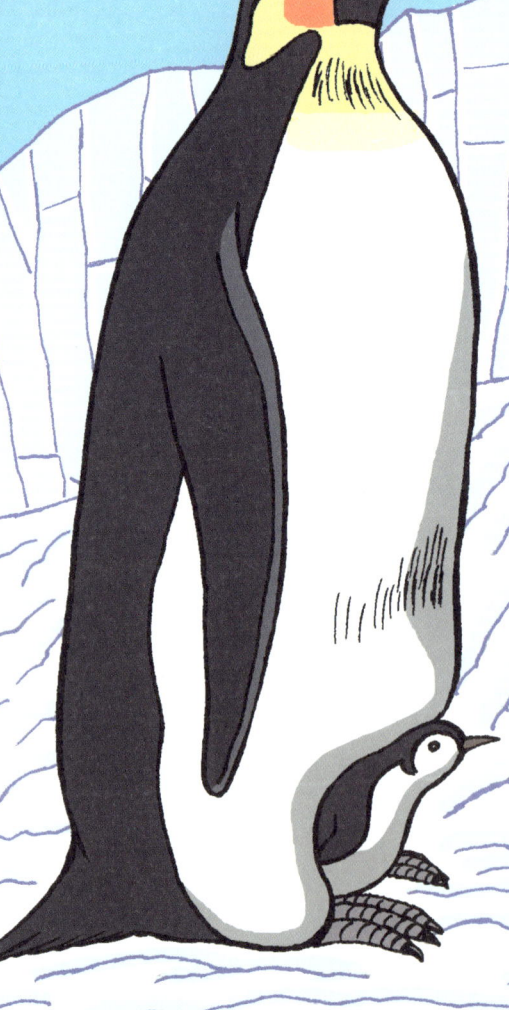

 오늘은 〈남극 최고 육아상〉을 수상한 황제펭귄을 모셨습니다. 육아 고수가 된 비결은 무엇인가요?

 글쎄요, 혹독한 환경에서 새끼를 키우다 보니 엄마, 아빠가 모두 최선을 다하는 게 비결이라면 비결이죠. 알을 낳은 엄마 펭귄이 먹이를 구하러 가면,

알을 넘겨받은 아빠 펭귄들은 원형으로 몸을 붙여 영하 40도의 추위를 견디며

두 달 동안 발등 위에 알을 품어요.

 하아. 정말 눈물겨워요. 그런데 엄마 펭귄이 돌아오기 전에 태어난 새끼는 무엇을 먹나요?

 아빠 펭귄 배 속에는 아직 소화하지 않고 저장해 둔 '펭귄 밀크'가 있어요.

'펭귄 밀크'를 토하면

새끼가 그것을 받아 먹어요.

새끼를 돌보는 동안 수컷은 어떻게 먹이 활동을 하죠?

아빠 펭귄은 두 달 이상 눈만 먹으면서 새끼를 돌봐요. 엄마가 돌아와 새끼를 돌보면 그제야 바다로 떠날 수 있지요.

그야말로 지극정성으로 새끼들을 돌보는군요!

이런! 잠시도 한눈을 팔 수가 없다니까.

이것 보세요. 지극정성으로 키워도 새끼들이 어른이 되는 과정은 순탄치 않아요. 번식지에는 도둑 갈매기 같은 포식자가 늘 펭귄의 알이나 새끼를 노리거든요.

최근 남극에서 펭귄 새끼들을 키우기가 더욱 어려워지고 있다고 하던데, 이유가 뭔가요?

지구 온난화로 인해 빙하가 줄어들어 펭귄이 번식하는 공간도 점점 사라지고 있어요. 게다가 날씨가 따뜻해져 비가 내리는 때가 많은데, 새끼들은 털에 방수 기능이 없어서 털이 젖으면 체온이 급격히 떨어져서 죽는 경우가 많지요.

Q 북극여우는 왜 북극곰을 미행할까?

저에게 스토커가 생겼어요. 범인은 바로 북극여우예요.
여우는 아닌 척하지만 분명 제 뒤를 밟고 있거든요.
겨울이 되면 유독 심해지는 여우의 행동, 설마 절 좋아하는
걸까요? 아니면 대체 왜 이러는 걸까요?

— 북극곰

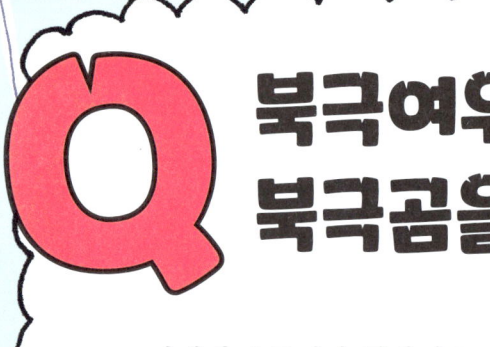

안 쫓아오나?

간식으로 쥐 잡아먹자! 폴짝 도롱 잡았지롱~

잡식성이라 이것저것 가리지 않고 잘 먹는다.

북극여우 ✗ 파일

체격 몸길이: 50~60cm / 몸무게: 2.5~9kg

사는 곳 북극의 툰드라, 알래스카, 시베리아, 아이슬란드

놀라운 특징 북극여우는 날씨가 추워지면 털이 더 많이 난다. 계절에 따라 털갈이로 색을 바꾸는 유일한 개과 동물이다.

여우의 털은 영하 70도까지 내려가야 추위를 느낄 수 있을 만큼 보온성이 뛰어나요.

발열을 막기 위한 작고 둥근 귀를 가지고 있어요.

두꺼운 털과 큰 꼬리 덕분에 영하 40도가 넘는 추운 북극에서 견딜 수 있어요.

수상한 북극여우의 행적

작성자 : 미스터 리
100% 실제 상황
제목 : 북극여우의 수상한 행적
미션 : 북극여우가 북극곰을 미행하는 이유를
       추적하고 증거를 수집하라.

북극여우의 행적

배고픈 북극곰이 나타나자
슬며시 등장한 북극여우!
드디어 북극곰을 향한
그녀의 수상한 미행이
시작됐다.

북극여우는 곰과 일정한 거리를 두고,

은밀하고 민첩하게 뒤따랐다.

미스터 리 기자의 특별 취재

동물의 짝

암수가 쉽게 구별되는 동물들

일반적으로 동물은 뿔이나 갈기의 유무, 몸의 크기 등으로 암수를 구별해요. 암수의 구별이 쉬운 대표적인 동물은 사자, 사슴, 원앙, 꿩 등이 있지요.

사슴

수사슴은 뿔이 있고 암사슴은 뿔이 없어요.

꿩

꿩의 수컷은 깃털 색이 선명하고 화려하지만 암컷은 황갈색에 검은색 무늬가 있어요. 수컷은 장끼, 암컷은 까투리라고 불러요.

암수가 쉽게 구별되지 않는 동물들

암수의 생김새가 비슷해서 겉모습으로 쉽게 구분하기 어려운 동물들도 있어요. 붕어, 돼지, 무당벌레, 펭귄 등이 대표적이에요.

붕어

눈 옆 근처에 돌기가 있는 붕어가 수컷이에요.

펭귄

펭귄은 부리의 길이와 두께를 측정해 암수를 구별해요. 부리가 두껍고 길면 수컷일 확률이 높아요.

미스터 리 기자의 특별 취재

동물의 육아

사람처럼 동물도 대부분 알이나 새끼를 낳아요. 하지만 새끼를 돌보는 건 정해져 있지 않아요. 동물마다 제각각이에요.

제비

암컷이 알을 낳은 후 암컷과 수컷이 교대로 알을 품고, 새끼가 태어난 뒤에도 교대로 먹이를 구해 와요.

곰

암컷과 수컷이 짝짓기를 한 후, 수컷은 떠나고 암컷 홀로 새끼를 낳아 길러요. 아기 곰들은 어미 곰이 사냥하는 모습을 보면서 세상을 살아가는 방법을 배운답니다.

가시고기

알을 낳는 건 암컷이지만, 알을 지키고 돌보는 건 수컷의 몫이에요. 알에서 새끼가 태어나면 온 힘을 다해 새끼를 돌보던 수컷이 지쳐서 죽기도 해요.

바다거북

거북은 깨어날 때부터 독립적으로 자라요. 모래 구덩이에 알을 낳은 암컷은 바다로 돌아가 버리죠. 암컷 거북이 바다로 돌아간 지 50~70일이 지나면 알에서 새끼들이 깨어나는데, 누가 가르쳐 주지 않아도 힘차게 바다로 향해 간답니다.

특종! 동물 뉴스
미스터 리와 떠나는 동물의 세계

초판 1쇄 발행 2020년 12월 21일
초판 8쇄 발행 2025년 3월 5일

글 이준희 | **그림** 이경석 | **감수** 김보숙
편집 김서중 | **디자인** 상상이꽃처럼
제작 박천복 김태근 고형서
펴낸이 김경택
펴낸곳 (주)그레이트북스
등록 2003년 9월 19일 제313-2003-000311호
주소 서울시 구로구 디지털로31길 20 에이스테크노타워5차 12층
대표번호 (02) 6711-8673
홈페이지 www.greatbooks.co.kr

ISBN 978-89-271-9743-0 74400
　　　978-89-271-9560-3(세트)

※이 책은 저작권법에 따라 보호받는 저작물이므로 무단전재와 무단복제를 금합니다.

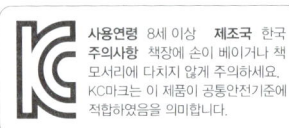